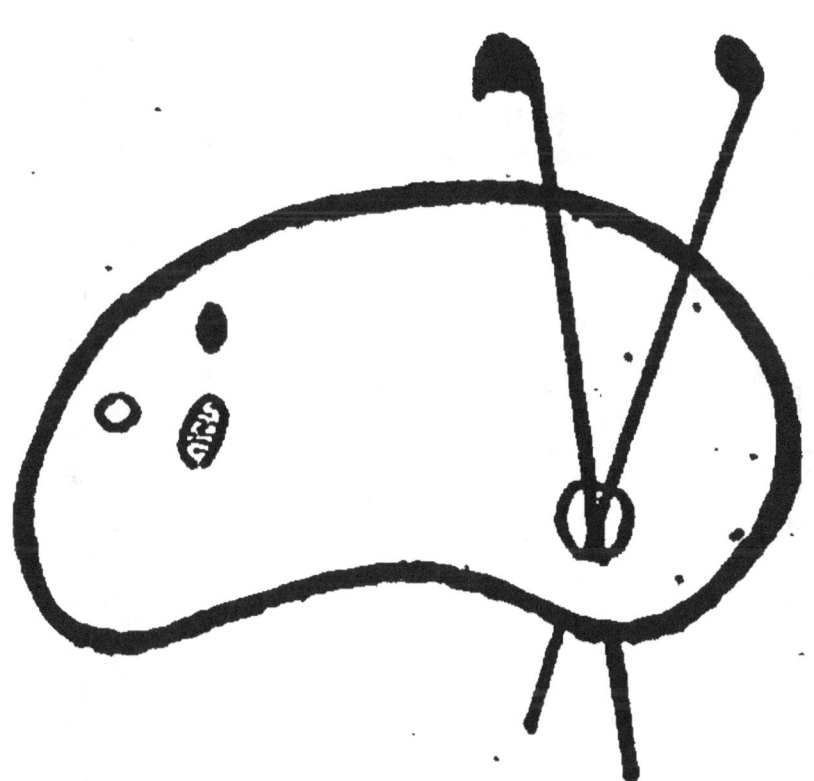

DEBUT D'UNE SERIE DE DOCUMENTS
EN COULEUR

1843 (Décembre 7) Mme Dubois

CATALOGUE
DES
TABLEAUX

COMPOSANT LA GALERIE

de M. Dubois,

Rue Hauteville, 1.

PAR ALEXIS WÉRY,

Peintre-Expert.

PARIS

IMPRIMERIE ET LITHOGRAPHIE DE MAULDE ET RENOU,
RUE BAILLEUL, 9 ET 11.

1843

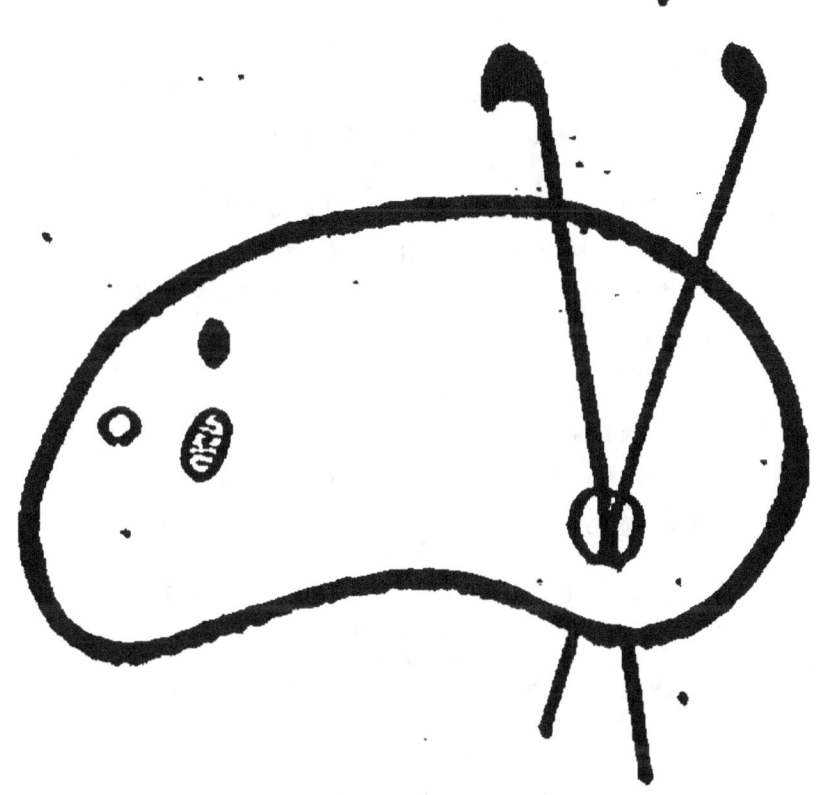

FIN D'UNE SERIE DE DOCUMENTS
EN COULEUR

CATALOGUE

D'UNE BELLE COLLECTION
DE

TABLEAUX ANCIENS

des Écoles française, italienne, espagnole, flamande, hollandaise,
allemande et anglaise,

BRONZES FLORENTINS ET AUTRES,

MARBRES DIVERS, MEUBLES DE BOULE,

Émaux de Limoges, Porcelaines de Chine montées, Pendules et Candélabres
en Bronze doré ; Tapisseries des Gobelins, Bordures dorées, riches
et autres,

Composant la Galerie de M. Dubois,

ET DONT LA VENTE AURA LIEU, AUX ENCHÈRES PUBLIQUES,

EN SA GALERIE, RUE HAUTEVILLE, N. 1,

Les Jeudi 7, Vendredi 8 et Samedi 9 Décembre 1843,
à une heure,

PAR LE MINISTÈRE DE M⁰ BONNEFONS DE LAVIALLE,
Commissaire-Priseur, rue de Choiseul, n. 11,

ASSISTÉ DE

M. ALEXIS WÉRY, PEINTRE-EXPERT, rue Neuve-Vivienne, n. 36,

Chez lesquels se distribue le présent catalogue.

———

L'EXPOSITION PARTICULIÈRE aura lieu les 2, 3 et 4 décembre 1843,
de midi à quatre heures ;
L'EXPOSITION PUBLIQUE aura lieu les 5 et 6 décembre 1843, de
midi à quatre heures.

———

PARIS

IMPRIMERIE ET LITHOGRAPHIE DE MAULDE ET RENOU,
RUE BAILLEUL, 9 ET 11, PRÈS DU LOUVRE.

—

1843

VILLES DE L'ÉTRANGER

OÙ SE DISTRIBUE LE PRÉSENT CATALOGUE.

A LONDRES, chez MM.
- Emmerson.
- Christie et Manson.
- Buchanan, Pall Mall, 46.
- Artaria, Saint-James street, 26.
- Mawson, Berners street, Oxford street, 3.
- Cornaghi, Pall Mall.
- Phillips, New Bond street, 73.
- Smith, New Bond street, 137.

A BRUXELLES
- Héris, rue Royale, 104.
- Leroy (Étienne), rue Fossés-aux-Loups.

A AMSTERDAM
- Broodgheest, Héerengraght, 30.
- De Lélie, Keysers-Graght, 9. Amstel.

A ROTTERDAM. . . . . Lamme, Schiedamsche-Dijk.
A LA HAYE . . . . . . Enthoven, Plein, 211.
A MANHEIM. . . . . . Artaria et Fontaine.
A VIENNE . . . . . . Rozemann et Schweiger.
A BERLIN. . . . . . . Selke.
A MUNICH. . . . . . Bruliot, conservateur du Musée.

CONDITIONS DE LA VENTE.

La vente sera faite au comptant.

Les adjudicataires paieront cinq pour cent en sus des enchères, applicables aux frais.

OBSERVATIONS.

Il sera délivré, dans le courant des deux expositions et dans la galerie même, un ordre général de vacations qui sera rigoureusement suivi à la vente.

A l'issue de la dernière vacation, le 9 décembre, il sera vendu, dans la cour, une calèche de voyage en parfait état, et environ 2,000 bouteilles de vin de Bordeaux, Château-Margaux.

AVANT-PROPOS.

La collection que nous annonçons satisfera les amateurs autant par l'excellence que par la variété des tableaux qui la composent. Il y a trois ans, lorsque M. Dubois mit en vente une partie de sa collection dans la galerie Lebrun, la foule s'y porta et lui fit un accueil signalé; c'est qu'en effet une longue expérience, l'étude des maîtres, la pratique de l'art ont donné à M. Dubois un tact sûr pour apprécier le mérite réel et les qualités d'un tableau; chacun fut désireux de visiter cette belle collection, et son possesseur fut heureux de l'approbation qu'elle obtint.

Offrant des garanties analogues, la collection que nous avons l'honneur d'annoncer, nous permet d'espérer que l'empressement du public à la visiter ne sera pas moins soutenu, il sera vivement excité par quelques productions du premier ordre, car cette réunion de maîtres a cela d'important que ceux des diverses écoles et les principaux s'y trouvent représentés dans une ou plusieurs œuvres; ainsi la haute école d'Italie y a pour principale production, un *Portement de croix*, par Sébastien del Piombo, qui est, sans contredit, l'œuvre la plus importante qui ait paru depuis long-temps : ce tableau est justement célèbre dans l'Italie entière, où l'on sait qu'il est un hommage de la reconnaissance du grand peintre pour l'ancienne famille des Caldarara de Milan, ses protecteurs, qui l'ont conservé jusqu'à nos jours, et qu'en outre une tradition constante en attribue le dessin à Michel Ange Buonarotta, dessin large et puissant dont la science des raccourcis, l'expression des figures, le caractère éminemment religieux de la composition ne laisse aucun doute sur la participation à ce chef-d'œuvre de ce grand maître. Une répétition admirable du saint Jérôme du Corrège par Bartholoméo Schidone, une madone par le Pérugin, et quelques autres célébrités, telles que Beltraffio, Andréa di Assisi, Canaletti, Gaspre Poussin, Gaudenzio Ferrari, Luini, Parmiggianino, Tintoret, Sasso Ferrato, Timotéo d'Urbino, accompagnent honorablement ce morceau capital.

L'école française nous y montre aussi plusieurs de ses grands noms, tels que le Poussin et le Lorrain, duquel on remarquera une belle marine; Greuze et Watteau, Jouvenet et Prud'hon.

Les Flamands principaux qui s'y remarquent sont les suivants: Rubens, Sneyders, Omméganck, Téniers et Van Balen.

L'école hollandaise vient ensuite ajouter au lustre de ces brillantes écoles par un ensemble remarquable des maîtres dont nous faisons suivre la nomenclature: un Paul Potter, composition capitale de ce grand peintre; un Berghem, production importante; un Van Huysum représentant des fleurs et des fruits, très beau tableau de ce maître; une place publique par Vander Heyden et Van de Velde; deux marines par Backhuysen, plusieurs Ruysdaël, Everdingen, Gérard Dow, Slingelandt; en outre divers autres maîtres, tels que Cuyp, Dussaert, Hackaert, Hondekoeter, Moucheron et Van de Velde, Isaac Ostade, Terburg, Emmanuel de Witte, Wouwermans, etc.

Quelques Espagnols, tels que Murillo, Vélasquez, Antolinez y prennent place.

Un charmant Reynolds, célèbre peintre anglais, complète à peu près l'aperçu que nous donnons ici de la composition de cette vente.

Après les tableaux il sera vendu des curiosités diverses, des meubles de Boule, des tapisseries des Gobelins; enfin une variété d'articles désignés au catalogue.

CATALOGUE

d'une belle collection

de

TABLEAUX ANCIENS

DE DIFFÉRENTES ÉCOLES,

BRONZES FLORENTINS ET AUTRES,

Marbres divers, Meubles de Boule, Émaux de Limoge, Porcelaines de Chine montées, Pendules et Candélabres en Bronze doré, etc.

DÉSIGNATION DES TABLEAUX.

ÉCOLE FRANÇAISE.

BOURDON (SÉBASTIEN), né à Montpellier en 1616, mort à Paris en 1671.

1. — Adoration des Mages.

Les trois rois sont prosternés aux pieds de Jésus et sont suivis de leurs esclaves qui portent leurs présents. (Coll. Magnan de la Roquette).

Toile, hauteur 35 cent., largeur 49 cent.

CHARDIN (SIMON), né à Paris en 1689, mort à Paris en 1780.

2. — La Fileuse.

Dans un intérieur d'appartement, une jeune et jolie dame, en toilette du matin, assise sur une chaise, file avec un rouet placé devant elle. Une autre dame, assise au fond de la chambre, se chauffe au feu de la cheminée; elle a devant elle un petit chien, qui se chauffe aussi; une cage de perroquet, un dévidoir et divers meubles complètent ce charmant tableau.

T., haut. 61 c., larg. 51 c.

GELÉE (CLAUDE), dit le Lorrain, né à Toul en 1600, mort à Rome en 1682.

3. — Vue du port et de la rade de Gênes.

Le soleil est au centre de ce tableau, sa lumière rayonne sur toutes ses parties : c'est le moment où il se rapproche de l'horizon, grandit et se colore avant de disparaître. Une brise fraîche agite les eaux verdâtres de la Méditerranée qui clapotent contre les navires et une vieille tour crénelée qui sont dans le port.

Le Claude affectionnait cet effet du soleil qui frappe vivement les eaux en glissant derrière un objet quelconque ; ici c'est un vaisseau placé à un plan éloigné et presque perpendiculairement sous le soleil, qui fait une heureuse opposition avec la ligne resplendissante de la lumière sur les eaux : enveloppé de vapeur et presque imperceptible, se distingue au loin le phare de la ville.

La partie gauche du port est dominée par un coteau dans la demi-teinte : au pied de la tour est un bâtiment dont les voiles sont carguées, au fond et jusqu'au milieu du tableau on aperçoit le phare et les fortifications de la ville, au pied desquels sont amarrés une grande quantité de vaisseaux aux couleurs de plusieurs nations ; à droite et sur le devant, se trouve le péristyle d'un temple à colonnes cannelées, au travers desquelles on distingue un vaisseau à l'ancre.

Sur le premier plan sont plusieurs figures de pêcheurs retirant leurs filets.

La composition et l'harmonie de ce tableau forment un ensemble dont l'illusion est complète.

T., haut. 1 m., larg. 1 m. 21 c.

GREUZE (JEAN-BAPTISTE), né à Tournus en 1726, mort à Paris en 1805.

4. — Tête d'expression.

Une jeune femme, les yeux et les bras élevés, semble implorer le ciel, ses vêtements sont en désordre, sa poitrine et ses épaules sont presques découvertes ; une draperie jaunâtre flotte derrière elle ; une gaze descend de sa tête, entoure l'épaule droite et se perd dans l'étoffe blanche de sa robe. (Forme ovale).

T., haut. 53 c., larg. 45 c.

DU MÊME.

5. — La Toilette de Vénus.

Cette déesse est étendue voluptueusement sur un lit de repos et reçoit les soins de ses nymphes empressées aux apprêts de sa toilette. Cette composition est une esquisse de la belle époque du maître.

T., haut. 54 c., larg. 60 c.

DU MÊME.

6. — Tête d'expression.

Une jeune fille, la tête couverte d'un voile transparent, semble fort attentive à une scène qui paraît se passer près d'elle : l'expression de l'étonnement est supérieurement rendue sur sa figure ; elle est vue en buste et sa robe bleuâtre est légèrement entr'ouverte à la poitrine. (Forme ovale).

T., haut. 45 c., larg. 38 c.

DU MÊME.

7. — Tête d'expression.

C'est une tête de jeune homme dont les yeux sont élevés et dont la physionomie annonce l'étude ou l'inspiration : ses cheveux sont blonds et retombent sur ses épaules ; une petite veste en drap brun et un gilet rouge forment son costume. Cette tête est de la plus belle qualité.

B., haut. 38 c., larg. 32 c.

JOUVENET (JEAN), né à Rouen en 1664, mort à Paris, en 1717.

8. — Présentation au temple.

Ce tableau, qui a été plusieurs fois gravé, a fait partie de la belle collection de Lucien Bonaparte, prince de Canino.

T., haut. 1 m. 0 c., larg. 85 c.

LESUEUR (EUSTACHE), né à Paris en 1617, mort à Paris en 1655.

9. — Un guerrier croisé reçoit la bénédiction d'un évêque sous le péristyle d'un palais.

Le paysage et l'architecture sont de la main de Laurent de Lahyre.

T., haut. 90 c., larg. 1 m.

POUSSIN (NICOLAS), né aux Andelys en 1594, mort à Rome en 1665.

10. — Sujet mythologique.

Un fleuve est couché, appuyé sur une urne renversée, des amours sont étendus près de lui, plus loin des naïades, nymphes ou rivières; derrière lui une vache blanche. Cette jolie esquisse provient de la collection de M. le marquis de Calvière.

T., haut. 17 c., larg. 22 c.

DU MÊME.

11. — Le jeune David vainqueur de Goliath.

La Victoire, guidée par des génies, lui dépose une couronne sur la tête; il est assis sur les marches d'un temple, appuyé sur sa longue épée, et les yeux portés sur le trophée de sa victoire. Cette esquisse est gravée par Coomans et se trouve à la Bibliothèque.

T., haut. 18 c., larg. 21 c. 1/2.

DU MÊME.

12. — Sujet mythologique dans un paysage de style.
Esquisse de forme ronde.

T., haut. 27 c., larg. 27 c.

DU MÊME.

13. — La Naissance de Bacchus.

Les nymphes de l'Arcadie et des Amours chargés de guirlandes de fleurs, président à la naissance de Bacchus. Cette composition, du grand Poussin, est d'une nature toute gracieuse et telle qu'on aime à en rencontrer.

T., haut. 1 m. 45 c., larg. 2 m. 15 c.

PRUD'HON (PIERRE-PAUL), né à Cluny en 1760, mort à Paris en 1823.

14. — Le chaste Joseph.

Il cherche à s'échapper des bras de Potiphar qui s'efforce de le retenir.

Esquisse d'une grande qualité et de la belle époque du talent de Prud'hon.

T., haut. 47 c., larg. 30 c.

VALENTIN (MOISE), né à Coulommiers en 1600, mort à Rome en 1632.

15. — Repas de paysans.

Quatre paysans ou pâtres calabrais, dans une chambre obscure, font un repas frugal composé de fromage et d'ognons crus; deux d'entre eux cherchent à tempérer l'ardeur avec laquelle le plus jeune boit dans la cruche commune, en retenant le mouvement ascensionnel de ses bras; enfin le quatrième, étranger à cette scène et inspiré par les muses, chante, les yeux élevés au ciel, en s'accompagnant sur la guitare. Ce tableau est sans contredit une des bonnes productions du Valentin, l'une des gloires de la France.

T., haut. 1 m. 27 c., larg. 1 m. 72 c.

WATTEAU (ANTOINE), né à Valenciennes en 1684, mort à Paris en 1702.

16. — L'Amour au Théâtre-Français.

Des seigneurs et des dames en costume de théâtre, se livrent, dans un parc, aux plaisirs de la danse, de l'amour et de la collation; un orchestre placé sur la gauche, accompagne l'exécution du menuet d'Exaudet dansé par deux personnages. Ce tableau est gravé par Cochin.

T., haut. 51 c., larg. 63 c.

DU MÊME.

16 bis. — Sujet analogue.

D'autres personnages, également en costume de théâtre, sous l'ombrage d'un beau parc, semblent se disposer à jouer une scène pastorale. Pendant du précédent.

T., haut. 51 c., larg. 62 c.

DU MÊME.

17. — Divertissement.

Quatre personnages travestis sont réunis auprès d'une charmille dans un jardin : ce sont deux cavaliers et deux dames. Un des premiers est en costume de pierrot et l'autre est en troubadour ; les dames ont des robes à vertugadins, des cannes et des souliers à talons ; au delà d'une pièce d'eau circulaire et dans l'éloignement d'autres personnages font la conversation.

T., haut. 87 c., larg. 1 m. 4 c.

VERNET (CLAUDE-JOSEPH) signé, né à Avignon en 1714, mort à Paris en 1789.

18. — Vue d'une habitation du grand seigneur sur le Bosphore.

Sur le devant plusieurs femmes du harem, surveillées par des eunuques, se baignent dans la mer.

B., haut. 23 c., larg. 40 c.

ÉCOLES ITALIENNES.

ANDRÉA (DI ASSISI), né vers 1470, mort vers 1556.

19. — Adoration.

La Vierge, assise sur un banc de pierre, tient l'Enfant Jésus debout sur ses genoux ; deux anges, agenouillés sur des nuages, soutiennent la couronne au dessus de sa tête.

Ce peintre, l'un des principaux élèves du Pérugin, a produit fort peu d'ouvrages; celui-ci nous paraît, en tout point, digne de son maître.

B., haut., 87 c., larg. 64 c.

ANDRÉA DEL SARTO (D'après).

20 — Sainte Famille.

La Vierge, l'Enfant Jésus, saint Joseph et saint Jean, sont réunis sous un péristyle et se détachent sur un fond de paysage.

Collection Magnan de la Roquette.   T., haut., 98 c., larg. 90 c.

BELTRAFFIO (GIOVANNI ANTONIO), né en 1467, mort en 1516.

21 — Adoration.

La Vierge et l'Enfant Jésus, accompagnés de deux évêques, se présentent aux pieux hommages de deux personnages, homme et femme, vus de profils et les mains jointes.

Figures à mi-corps.

Dans la collection de M. le comte de Sommariva, d'où il provient, ce tableau portait le nom du Pérugin.

B., haut. 77 c., larg. 98 c.

CALABRÈSE (MATHIA PRETI, dit LE), né à Taverna, en 1613, mort à Malte en 1699.

22 — Sépulture de sainte Pétronille.

Ce tableau est la copie réduite de la composition capitale et renommée du Guerchin, qu'on voit au Capitole; nous n'en donnons ici aucune description, parce que chacun la connaît, seulement nous mentionnerons que c'est une belle copie, faite à l'époque même, par un contemporain d'une grande habileté.

T., haut. 1 m. 73 c., larg. 1 m. 21 c.

CANAL (ANTONIO), dit CANALETTI, né à Venise en 1597, mort à Dresde en 1668.

23 — Vue du grand canal à Venise et de l'église San Giovanni.

T., haut. 32 c., larg. 47 c.

DU MÊME.

24. — Autre vue de Venise prise à la place Saint-Marc.

Pendant du précédent. Les figures de ces deux tableaux sont de Tiépolo.

T., haut. 32 c., larg. 47 c.

CASTIGLIONE (BENEDETTO), dit LE GRACHETTO.

25 — Le départ de Laban.

Laban va chercher Jacob, qui a pris la fuite avec ses filles, quand Dieu lui apparaît et lui indique le chemin qui conduit à la montagne de Galaad où il doit le rencontrer.

T., haut. 1 m. 8 c., larg. 2 m. 60 c.

DUGHET (GASPARD), dit GASPRE-POUSSIN, né en 1613, mort à Rome en 1675.

26 — Paysage de style.

Une ville italienne domine la pente d'un coteau boisé et baigné, au bas, par les eaux du Tibre; de hautes montagnes et des collines composent les fonds; le premier plan, placé dans l'obscurité, fait admirablement ressortir, en lumière, les autres parties du tableau ; deux figures de bergers et un troupeau de moutons animent ce paysage.

T., haut. 24 c., larg. 35 c.

DU MÊME.

27 — Autre paysage. Pendant du précédent.

Ici la campagne est plus plate et son étendue est immense ; la vue est prise à l'embouchure du Tibre et à peu de distance de la mer, qu'on aperçoit dans le fond, ainsi que la ville de Ripa-Grande qui commande l'entrée du fleuve ; une route, qui commence au premier plan, suit la même direction que le fleuve et serpente parallèlement avec lui; deux figures, bien exécutées, sont sur le devant.

T., haut. 24 c., larg. 35 c.

DU MÊME.

28 — Paysage de style; vue des campagnes avoisinant Rome.

T., haut. 21 c., larg. 35 c.

DU MÊME.

29 — Autre site analogue, pendant du précédent.

T., haut, 21 c., larg. 35 c.

DU MÊME.

30 — Paysage. Intérieur de forêt.

Le terrain de cette forêt est très inégal, très accidenté; l'épaisseur du feuillage rend, dans certaines parties, le passage impénétrable aux rayons du soleil; trois figures de style animent ce paysage supérieur.

T., haut. 36 c., larg. 47 c.

DU MÊME.

31 — Paysage. Coup de vent (pendant du précédent.)

Vue prise dans les roches de la Calabre par un temps couvert et par un vent impétueux; les arbres sont violemment agités, et un gros tronc brisé est renversé sur le premier plan.

T., haut. 36 c., larg. 47 c.

DU MÊME

32 — Grand paysage à effet d'orage.

Un torrent se précipite sur le premier plan.

T., haut. 94 c., larg. 1 m. 38 c.

FERRARI (GAUDENZIO), né à Valdugia en 1484, mort en 1550.

33 — Sainte famille dans un intérieur.

La Vierge allaite l'Enfant Jésus au milieu de plusieurs pieux

2

personnages ; le petit saint Jean, sur les genoux de sainte Anne, tend les bras vers celui qui sera un jour son divin maître.

H., haut. 51 c., larg. 45 c.

LUCIANO (FRA BASTIANO), dit SÉBASTIEN DEL PIOMBO, né en 1485, mort à Venise en 1547.

34 — Le Christ portant sa croix.

Conduit au Calvaire pour y être ignominieusement crucifié, on contraint le Christ à porter lui-même l'instrument de son supplice, dont le poids énorme surpasse ses forces humaines ; le moment de cette station est celui où les gens qui le conduisaient en l'accablant d'outrages, aperçurent un homme de Cyrène, nommé Simon, qui revenait des champs, et le forcèrent à porter la croix à son tour ; en effet, on voit cet homme, jeune encore, qui saisit de ses bras vigoureux le montant de cette croix pour soulager le Sauveur ; un soldat, bardé de fer, est la troisième figure de ce tableau.

Ces trois personnages, magistralement groupés, sont vus plus qu'à mi-corps et dans une proportion de forte nature : plus loin, et motivant le sujet principal, on voit le Calvaire situé sur une montagne que gravissent processionnellement une multitude de curieux attirés par ce grand événement, et pour assister au drame sanglant de la fin du Christ.

Le fond représente la ville de Jérusalem se détachant obscure sur un ciel rougeâtre à l'horizon.

Cette œuvre est une production monumentale d'un des plus grands peintres de ce siècle, où les artistes étaient des colosses, et chez qui le sentiment religieux dominait exclusivement. Sébastien del Piombo, entraîné par une vocation prononcée pour les ordres, devait par préférence célébrer les fastes de l'histoire sainte, aussi Michel Ange, dont les principes étaient les mêmes, et sachant apprécier le mérite de cet artiste extraordinaire, se plaisait à lui donner des conseils pour la perfection du dessin et la difficulté des raccourcis. Ce tableau est l'œuvre commune de ces deux hommes grands de talent, immenses de génie ; car, outre qu'il soit connu et réputé pour avoir été dessiné par l'un et peint par l'autre, l'analyse qu'on en fait produit, au premier coup d'œil, une conviction immédiate.

La famille ancienne des Caldarara de Milan possédait naguère encore ce morceau capital que tous les amateurs ont pu admirer dans leur galerie dont il faisait le principal ornement; elle le tenait de leurs aïeux, protecteurs puissants de Sébastien del Piombo, à Venise; on sait aussi, par tradition, que Michel-Ange en a fait le trait.

Le célèbre graveur Toschi de Parme, travaille en ce moment à l'estampe, d'après un dessin admirable qu'il en fit il y a quatre années à Milan.

B., haut. 1 m. 20 c., larg. 93 c.

DU MÊME (École).

35 — Sainte Famille.

L'Enfant Jésus est étendu endormi sur les genoux de sa mère qui le contemple avec tendresse, ainsi que saint Joseph et un ange.

B., haut. 58 c. 1/2, larg. 43 c. 1/2.

LUINI (BERNARDINO), dit LOVINI DA LUINO, vivait en 1530.

36 — La Vierge et l'Enfant.

La Vierge assise, tient sur ses genoux l'Enfant Jésus qui, de sa main droite, donne la bénédiction au spectateur.

C'est un des tableaux où Luini s'est le plus rapproché de son maître, l'immortel Léonard de Vinci.

B., haut. 66 c., larg. 47 c.

MAZZUOLA (FRANCESCO), dit LE PARMESAN, né à Parme vers 1503, mort à Parme en 1540.

37 — Portement de croix.

Le Christ, vêtu d'une tunique verte et rouge, porte sa croix en montant au Calvaire; sur un plan plus reculé, la Vierge évanouie est soutenue par deux saintes femmes.

Tableau du plus beau sentiment et d'une couleur forte et harmonieuse.

B., haut. 43 c., larg. 32.

MORONI.

38 — Portrait d'un personnage vénitien.

Il est vêtu de noir et sa tête est entourée d'une haute collerette à tuyaux.

T., haut. 68 c., larg. 50 c.

PÉRUGIN (PIETRO VANNUCCI dit le), né à Castel della Pière di Pérugia en 1446, mort en 1524.

39 — L'Enfant Jésus assis sur les genoux de sa mère.

Il semble donner sa bénédiction au spectateur. La Vierge le soutient avec amour et respect.

B., haut. 61 c. 1/2, larg. 50 c.

ROBUSTI (JACOPO), dit **LE TINTORETTO**, né à Venise en 1512, mort en 1594.

40 — Assomption.

La Vierge s'élance au ciel soutenue par les anges ; les apôtres, réunis autour de son tombeau, la suivent du regard dans le séjour des bienheureux.

Ce tableau est l'un des plus fins et des plus agréables de ce maître.

T., haut. 1 m. 2 c., larg. 51 c.

DU MÊME.

41 — Portrait d'un magistrat.

Ce personnage est vêtu de noir et coiffé d'une toque de même couleur.

T., haut. 81 c., larg. 61 c.

SALVIDA (GIO. BATISTA), dit **SASSO FERRATO**, né à Sasso Ferrato en 1605, mort en 1685.

42 — Madone.

La Vierge, vêtue d'une tunique rouge et d'un manteau bleu, porte l'Enfant Jésus qui joue avec un livre.

Ce charmant tableau peut être rangé au nombre des meilleurs ouvrages de ce maître.

T., haut. 61 c., larg. 45 c.

SCHIDONE (BARTOLOMÉO), né à Modène, mort à Modène en 1615.

43 — La Vierge, l'Enfant Jésus, sainte Madeleine, saint Jérôme et deux anges.

Cette magnifique production est la copie du tableau connu sous la dénomination du saint Jérôme du Corrège. C'est une copie faite avec cette liberté que se permettent seuls les hommes supérieurs; on y remarque de nombreux changements; on comprend aisément qu'un artiste d'un mérite aussi signalé que le Schidone, ne pouvait se soumettre servilement à certains détails, à certaines formes, c'est ce qui explique les nombreuses variantes qu'on observe entre le tableau de Parme et celui-ci.

T., haut. 2 m., larg. 1 m 50 c.

DU MÊME.

44 — Portrait à mi-corps d'un militaire.

Il est vu de trois quarts, couvert d'un pourpoint gris et tient, de la main gauche, une longue épée qu'il appuie à l'épaule.

B., haut. 83 c., larg. 64 c.

TIÉPOLO (GIO-BATISTA).

45 — Cérémonie relative au débarquement d'une reine.

Esquisse d'une belle qualité.

T., haut. 68 c., larg. 43 c.

TIMOTÉO (D'URBINO), né à Urbino vers la fin du XVe siècle.

46 — La Vierge, l'Enfant Jésus et sainte Catherine.

Petit tableau plein de grâce et de naïveté.

B., haut. 29 c., larg. 24 c.

ÉCOLE ESPAGNOLE.

ANTOLINEZ Y SARABIA (DON FRANCISCO), mort à Madrid en 1700.

47. — Paysage et animaux.
Sujet tiré de l'histoire de Jacob.
T., haut. 41 c., larg. 58 c.

DU MÊME.

48. — Autre sujet du même genre.
Pendant du précédent.
T., haut. 41 c., larg. 58 c.

HERRERA EL VIEJO, né à Séville en 1576, mort à Madrid en 1656.

49. — Saint Mathieu.
Figure à mi-corps et drapée dans un manteau gris.
T., haut. 1 m., larg. 90 c.

MURILLO (BARTOLOMEO ESTEBAN), né à Séville en 1618, mort à Séville en 1682.

50. — Miracle de saint Vincent Ferrer.

Saint Vincent Ferrer est connu dans l'Écriture sous la dénomination du *Saint Séraphique*; il est particulièrement en Espagne l'objet d'une grande vénération. Les passages les plus importants qui signalent sa vie sont ceux retracés dans ce tableau : dans un coin, à droite, on le voit ressusciter un mort en présence de plusieurs personnes, et, à gauche, il retient en l'air, par la seule puissance de sa volonté, un maçon tombé de son échafaudage; au milieu, et tout à fait sur le devant du tableau, ce saint est vu en pied dans un costume religieux et a de grandes ailes étendues. (Collect. Aguado).
T., haut. 3 m. 21 c., larg. 2 m. 13 c.

MÉNÉSSÈS OSORIO (FRANCISCO), mort à Séville au commencement du XVIII° siècle.

51. — Adoration des Mages.

La sainte famille est réunie dans des ruines d'un ancien temple à Bethléem ; les trois rois Mages, guidés par l'étoile flamboyante arrivent à ce village accompagnés d'une suite nombreuse et offrent à l'Enfant Jésus, en se prosternant devant lui, les riches présents qu'ils ont apportés.

T., haut. 1 m. 7 c., larg. 1 m. 61 c.

VÉLASQUEZ (DON DIEGO DE SYLVA), né à Séville en 1599, mort à Madrid en 1660.

52. — Portrait équestre du roi Philippe IV.

Monté sur un fort cheval mecklembourgeois à l'allure du galop, ce roi est coiffé d'un chapeau à plumes et tient un bâton de commandement ; son costume de guerre est formé, selon l'usage de l'époque, d'un pourpoint sur lequel passe en sautoir une écharpe rouge.

T., haut. 2 m. 1 c., larg. 1 m. 34 c.

ÉCOLE FLAMANDE.

ARTOIS (JACQUES VAN), né à Bruxelles en 1613.

53. — Vue des bords du Rhin.

La droite du tableau est formée d'un terrain en pente, duquel on découvre à vol d'oiseau un immense point de vue ; ce terrain est couvert par une forêt de gros arbres sous lesquels s'enfonce une route tortueuse. Vander Meulen a placé en cet endroit une rencontre de cavaliers qui s'abordent vivement, au fond et au centre ce sont d'immenses plaines qu'arrose le fleuve et où l'on remarque une ville de certaine importance.

T., haut. 1 m. 19 c., larg. 2 m. 13

ASSELYN (JAN), dit CRABERTJE, né à Anvers vers 1610, mort à Amsterdam en 1660.

54. — Paysage.

Vue prise dans la campagne de Rome au soleil couchant.

T., haut. 41 c., larg. 51 c.

BALEN (HENRY VAN), né à Anvers en 1560, mort à Anvers en 1638.

55. — Annonciation.

L'ange Raphaël annonce à la Vierge qu'elle deviendra mère du Sauveur.

C., haut. 66 c., larg. 49 c.

BREUGHEL (JAN), dit de VLOUR, né à Bruxelles en 1569, mort à Anvers en 1625.

56. — Petit paysage.

Il est animé d'une grande quantité de figures à pied et à cheval.

C., haut. 15 c., larg. 21 c.

DYCK (PHILIPPE VAN), dit le petit VAN DYCK, né à Amsterdam en 1680, mort en 1752.

57. — Portrait en pied d'un personnage en costume à l'Espagnole.

C., haut. 9 c. 1/2, larg. 6 c. 1/2.

EYCK (HUBERT VAN), né à Maseick en 1366, mort à Gand en 1426.

58. — Figure d'homme debout et drapé dans un manteau vert.

C'est le portrait de Jean Roux, commissaire général des finances de Provence (Collection Magnan de la Roquette.)

B., haut. 1 m. 2 c., larg. 68 c.

FRANCK (FRANÇOIS), le jeune, né à Anvers en 1580, mort à Anvers en 1642.

59. — Calvaire.

Le Christ est expirant sur la croix entre deux larrons et tous les saints personnages sont prosternés en pleurs à ses pieds.

C., haut. 64 c., larg. 45 c.

OMMEGANCK (B. P.), né à Anvers en 1755, mort à Anvers.

60. — Pâturage au soleil levant.

Deux moutons qui bêlent sont sur le devant du tableau, le reste du troupeau se voit plus loin dans la vapeur; une chèvre qui broute se voit aussi à distance au bord d'une rivière.

B., haut. 26 c., larg. 31 1/2.

DU MÊME.

61. — Pâturage au soleil couchant.

Un bélier et une brebis sont couchés dans l'herbe, une chèvre noire est debout auprès d'eux; au second plan un berger réunit son troupeau pour le reconduire à la ferme. Pendant du précédent.

B., haut. 26 c., larg. 31 c. 1/3.

RUBENS (PIERRE-PAUL), né à Cologne en 1577, mort à Anvers en 1640.

62. — Adoration des Bergers.

Dans l'étable, le fils de Dieu est entouré de plusieurs personnages, tels que saint Joseph, la Vierge et les bergers accourus de toutes parts pour adorer sa personne. Sur le devant une femme s'apprête à verser du lait dans une jatte pour l'offrir au divin enfant, que sa mère soutient avec précaution. Tous les autres personnages qui composent cette scène, dans une attitude humble et respectueuse, examinent, en priant, le jeune Rédempteur. Au dessus d'eux, trois anges voltigent dans les airs.

Cette esquisse terminée, provient de la vente Paul Perrier.

B., haut. 48 c., larg. 31 c.

DU MÊME.

63. — Portrait de la mère du peintre.

Elle est vue debout, vêtue de noir, appuyant le bras droit sur le dos d'une chaise et tenant ses gants de la main gauche; elle a la tête entourée par une haute collerette à tuyaux et les poignets par de riches bracelets d'or; une draperie d'un violet harmonieux forme le fond de ce portrait.

B., haut. 1 m. 11 c., larg. 83 c.

RUBENS, VAN KESSEL et BREUGHEL (de fleur).

64. — Repos de Diane.

Cette déesse et ses nymphes sont endormies sous des arbres, après une abondante chasse, et sont surprises par deux satyres qui contemplent leurs charmes; çà et là, et en grand nombre, sont épars sur l'herbe du gibier mort et des ustensiles de chasse.

Selon la coutume de l'école d'Anvers, ce tableau est de trois mains différentes; les artistes se plaisaient alors à se réunir pour produire des tableaux, et chacun payait à son tour le tribut de sa spécialité. Nous croyons bien les figures du pinceau de Rubens, mais d'une époque où l'on ne faisait encore que découvrir les prémices de son beau talent. Ce tableau provient de la vente Magnan de La Roquette, en 1841.

B., haut. 69 c., larg. 1 m. 11 c.

SNEYDERS (FRANÇOIS), né à Anvers en 1579, mort à Anvers en 1657.

65. — Combat d'animaux.

Lutte désespérée d'un cheval bai contre plusieurs lions.

T., haut. 3 m. 40 c., larg. 3 m. 81 c.

DU MÊME.

66. — Autre combat d'animaux.

Combat d'un jeune taureau contre des loups.

T., haut. 3 m. 40 c., larg. 3 m. 81 c.

— 27 —

DU MÊME.

67. — Autre combat d'animaux.

Ours attaqués par des léopards.

T., haut. 2 m. 10 c., larg. 3 m. 22 c.

DU MÊME.

68. — La Création.

Ce tableau est le pendant de celui du Louvre, connu sous la dénomination de l'*Entrée des animaux dans l'arche de Noé* (n° 739). Il en est parlé dans l'histoire du peintre, par Descamps.

C'est la réunion de tous les animaux, grands et petits, dans le paradis terrestre; plus loin, et comme épisode, Dieu tire la femme de la côte d'Adam.

T., haut. 2 m. 31 c., larg. 3 m. 60 c.

TÉNIERS (DAVID le fils), né à Anvers en 1610, mort à Bruxelles en 1690.

69. — Paysage et figures.

Entre des rochers et dans un site très accidenté, plusieurs paysans flamands retournent chez eux à la suite d'une fête; ils sont encore, la plupart, sous l'influence bachique de la journée, gambadant et batifolant sur la route.

T., haut. 48 c., larg. 60 c.

DU MÊME.

70. — Paysage.

La vue est un site pris dans les montagnes et extrêmement accidenté: quatre figures de paysans arrêtés sur la route examinent une croix plantée en cet endroit. (Coll. Magnan de La Roquette.)

T., haut. 1 m. 1 c., larg. 1 m. 38 c.

DU MÊME.

71. — La Bouchère.

Une femme, dans une arrière-boutique, est occupée à préparer une tête de veau placée devant elle sur un escabeau; le corps ouvert de l'animal est suspendu au plafond, au milieu du tableau.

T., haut. 73 c., larg. 58 c.

THULDEN (THÉODORE VAN), né à Bois-le-Duc en 1607, mort à Anvers en 1679.

72. — Réunion joyeuse.

Des seigneurs et des courtisanes, de dimension naturelle, sont représentés buvant, fumant et faisant de la musique.

T., haut. 1 m. 19 c., larg. 2 m. 11 c.

ÉCOLE HOLLANDAISE.

BACKHUYSEN (LUDOLF), né à Embden en 1631, mort à Amsterdam en 1709.

73. — Vue d'Amsterdam.

Cette vue est prise à la jonction du Zuyderzée et de l'Amstel, points les plus fréquentés par la marine. Au centre du tableau et à l'entrée du canal se trouve un vaisseau de haut bord présentant la poupe, il est sous voiles et pavoisé; plus en avant et monté par tout son équipage, un caboteur prend le large; la droite représente un quai bordé de fabriques et interrompu par un canal transversal sur lequel est jeté un pont à bascule; dans l'éloignement s'aperçoit une multitude de vaisseaux désemparés, en réparation ou en chargement; on distingue aussi les bâtiments de la douane, un moulin à vent et un phare. Le premier plan à gauche est formé par l'angle d'une gare où sont déposés des ballots de marchandises. Les eaux sont belles et transparentes, elles reflètent parfaitement le ton du ciel chargé d'épais nuages.

T., haut., 93 c., larg. 1 m. 27 c.

DU MÊME.

74. — Marine.

Les parages représentés dans cette marine sont ceux du Mordyck; un vent violent soulève les eaux et forme des vagues profondes et écumeuses sur lesquelles se balancent plusieurs embarcations, navires ou caboteurs; on voit parfaitement que le vent est contraire, et que tous ces bateaux font une route pénible en courant des bordées; le ciel, chargé de nuages, laisse échapper un rayon de soleil qui, frappant une partie des eaux, produit une illusion complète. Ce tableau d'une très heureuse composition est du faire le plus estimé de Backhuysen.

T., haut. 48 c., larg. 63 c.

DÉGHIN (ABRAHAM), né à Harlem en 1650, mort à Harlem en 1694.

75. — Intérieur rustique.

Dans une chaumière servant de gîte aux personnes et aux animaux, des paysans boivent et se réjouissent; deux d'entre eux dansent au son du violon. Le fond est occupé par des chevaux qui mangent à un ratelier, des bestiaux couchés, un palefrenier qui nettoie l'écurie, des poules, etc.

T., haut. 41 c., larg. 59 c.

BERGHEM (NIKOOLAAS KLAES), né à Harlem en 1624, mort à Harlem en 1683.

76. — Le Laboureur.

Au pied des ruines d'un palais antique et dans un pays accidenté, coule une rivière aux eaux tranquilles et transparentes. Deux chevaux, l'un blanc, l'autre bai, ce dernier monté par un laboureur, sont attelés à une charrue sur le premier plan du tableau. Cet homme en costume rouge et vu de dos, cause avec une femme, qui a auprès d'elle un âne chargé; une chèvre et un chien sont auprès des chevaux au bord de la rivière; deux vaches sont dans l'eau immobiles, et trois moutons sont couchés sous une voûte de la ruine située sur la rive opposée. Ce tableau capital, qui contient douze figures, est de la plus exquise qualité du maître. Il provient naguère de la vente Paul Périer, où il était mentionné sous le n° 2 du catalogue, et faisait partie antérieurement de la collection de feu M. Casimir Périer.

T., haut. 41 c., larg. 56.

DU MÊME.

77. — Le Frappement du rocher.

Cette composition, d'un ton vigoureux, est un habile pastiche dans la manière de Nicolas Poussin.

T., haut. 95 c., larg. 1 m. 5 c.

CUYP (ALBERT), né à Dordrecht en 1606, mort à Dordrecht en 1649.

78. — Portrait en pied d'un jeune seigneur hollandais.

Il est debout, vu de face, sur une route qui passe au pied des murs d'un château ; un jeune domestique, en tenue d'écurie, lui amène un cheval noir d'une fort belle espèce.

B., haut. 1 m. 11 c., larg. 89 c.

DU MÊME.

79. — Conversation.

Autour d'une table, couverte d'un riche tapis, sont assis trois cavaliers et deux dames ; un des cavaliers fait de la musique avec une guitare ; un autre, assis en face de lui, fume dans une pipe et indique à la femme qui est sur le devant du tableau que son verre est vide ; les deux autres personnages sont à l'extrémité de la table et semblent absorbés par une conversation intime.

B., haut. 61 c., larg. 79 c.

DECKER (JAN), vivait au XVIIe siècle.

80. — Maison rustique.

L'aspect de cette fabrique est pittoresque et intéressant : elle est variée de détails infinis, et domine une basse-cour remplie d'objets et d'ustensiles de toute espèce d'une exécution parfaite.

T., haut. 81 c., larg. 68 c.

DOW (GÉRARD), né à Leyde en 1613, mort à Leyde en 1680.

81. — Portrait de la mère du peintre.

Cette femme est d'un âge avancé, mais d'une constitution robuste. Elle est assise sur une chaise à dossier sculpté, et tient sur ses genoux un chat qu'elle caresse ; sa robe est rouge et garnie à la poitrine de lacets croisés, un col blanc lui couvre les épaules ; la tête est coiffée d'un bonnet blanc presque entièrement caché par une ample draperie bleue qui retombe sur ses épaules. Le peintre a signé son tableau dans le vêtement sur la partie gauche de la poitrine. Ce tableau a été donné par S. E. le cardinal Fesch, en quittant la France, comme souvenir de considération à M. Rusand, imprimeur-libraire de l'archevêché de Lyon, et c'est de la famille Rusand directement que le propriétaire l'a acquis.

B., haut. 25 c., larg. 19 c.

DU MÊME.

82. — Tête de vieillard à barbe.

Sa physionomie est vénérable comme celle des anciens philosophes ; elle porte le caractère d'une grande méditation ; la tête est coiffée d'une toque en velours de couleur violette, et le buste est couvert d'une robe en étoffe noire garnie de fourrure.

B., haut. 11 c. 1/2, larg. 13 c.

DUSSAERT (CORNELIS), né à Harlem en 1685, mort à Amsterdam en 1704.

83. — Tabagie hollandaise.

Plusieurs ivrognes, dans un musico rustique, sont occupés à fumer et à boire ; l'un d'entre eux accorde son violon et se dispose à charmer l'auditoire ; une femme surtout paraît attendre impatiemment le signal du concerto ; un chien caniche, fort insensible aux accords harmonieux, contemple avec avidité la tartine que mange un petit enfant assis dans une chaise. Ce tableau, outre les huit figures qui le composent, est riche en détails et accessoires de ménage ; il est dans le ton de Van Ostade et d'un grand intérêt.

T., haut. 49 c., larg. 40 c. 1/2

EVERDINGEN (ALDERT VAN), né à Alkmaer en 1621, mort à Alkmaer en 1675.

84. — Vue prise en Norwége.

Ce tableau représente parfaitement le caractère sauvage et bizarre de ces contrées septentrionales; à droite ce sont de frêles baraques en planches construites sur la pointe de rochers nus et arides, et au milieu de sapins qui s'élèvent des fissures de ces mêmes rochers; ces baraques sont suspendues sur des abîmes.

Le centre du tableau est occupé par une cascade qui mugit et bouillonne, et qui partage obliquement le tableau. L'autre côté de cette cascade est également bordé par d'énormes rocs sur lesquels frappe le soleil. Le plan qui borne la vue est un terrain onduleux, dont un village protégé par une forêt de sapins forme la crête, enfin de hautes montagnes terminent l'horizon.

Deux femmes et un cavalier gravissent un chemin à pic sur le premier plan.

T., haut, 67 c. larg. 93 c.

DU MÊME.

85. — Autre vue de Norwége.

Le site de ce tableau annonce les mêmes contrées que le précédent; la composition est également formée d'une cascade, quoique moins impétueuse, qui tombe entre des rochers escarpés. Comme le précédent tableau, il est de la qualité estimée du maître.

T., haut., 40 c., larg. 51 c.

GRYEF (NIJKOOLAAS), vivait au XVIIe siècle.

86. — Nature morte et gibier.

Un homme est assis auprès d'un groupe de gibier et d'ustensiles divers en grande variété; son chien se tient auprès de lui.

T., haut. 31 c. 1/2, larg. 40 c. 1/2.

HACKAERT (JAN), né en 1635.

87. — Paysage et cascade.

Ce tableau, de forme en hauteur, représente une grande cascade à plusieurs ressauts et d'un effet magnifique; quelques rares figures, par Vander Does, se remarquent dans les rochers qui bordent la cascade de chaque côté.

T., haut. 1 m. 78 c., larg. 1 m. 16 c.

DU MÊME.

88. — Paysage.

Ce tableau est d'une composition italique et d'un ton vigoureux.

T., haut. 50 c., larg. 66 c.

HEYDEN (JAN VANDER), né à Gorcum en 1637, mort à Amsterdam en 1712.

89 — Vue intérieure d'une ville hollandaise.

Cette vue est prise à Delft, ville située entre La Haye et Rotterdam ; c'est une des principales rues de cette cité tranquille et peu industrieuse, le calme qui y règne et l'exquise propreté hollandaise qu'on y remarque, témoignent du séjour d'une population en dehors des affaires et d'une classe aisée. Quelques jardins, mêlés aux habitations, varient l'uniformité d'une vue de ville dont l'aspect est presque toujours le même. Ce délicieux petit chef-d'œuvre, peint sur une plaque d'argent, est enrichi, en outre, de plusieurs très jolies figures dues au pinceau d'Adrien Van de Velde.

A., haut. 11 c. 1/2, larg. 16 c. 1/2.

DU MÊME.

90 — Paysage.

Une route, que borde un fossé, semble conduire à une habitation presbytérienne située sur la pente d'un coteau et entourée d'arbres fruitiers ; sur cette étroite route sont plusieurs figures arrêtées devant l'image de la Vierge, espèce de Madone placée au bout d'un piquet ; à gauche se voient quelques ruines en briques. Les figures de ce joli tableau sont de la main d'Adrien Van de Velde.

B., haut. 17 c. 1/2, larg. 21 c.

HONDEKOETER (MELCHIOR), né à Utrecht en 1636, mort à Utrecht en 1695.

91 — Tableau de volailles.

Un coq, deux poulets, une poule et un pigeon sont dans une basse-cour et cherchent leur nourriture dans le fumier.

T., haut., 83 c., larg. 1 m. 9 c.

HUYSUM (JAN VAN), né à Amsterdam en 1682, mort à
  Amsterdam en 1749.

92 — Fleurs et fruits.

Sur un large plateau de marbre et détaché sur un fond de verdure, sont groupés, contre un vase de terre à bas-reliefs, des roses trémières, des œillets d'Inde, des coquelicots, une pivoine et des clochettes; de beaux raisins blancs et noirs, pêches, prunes, grenades, groseilles, noix, abricots, noisettes, framboises et un cep de vigne, quelques papillons, des fourmis et des mouches, se voient çà et là. Cette composition est très capitale et de la plus grande conservation.

T., haut. 93 c., larg. 72 c.

KEIL (BERNARD), de Danemarck.

93. — Portraits en pied d'une famille de financier.

Cette famille, composée du chef, de sa femme et de quatre filles, est tout entière réunie dans le tableau. Le père est vu costumé à la turque, assis devant une table et procédant à la paie de plusieurs ouvriers qui paraissent mécontents de ce qu'il leur donne: c'est sans doute un riche Juif, célèbre à l'époque où vivait le peintre.

T., haut. 1 m. 29 c., larg. 1 m. 39 c.

LOOTEN (JAN).

94 — Vue d'une forêt.

Des chênes séculaires, et de la plus belle forme, étendent leurs branches noueuses et tourmentées sur toute la surface du tableau. Cette production est le résultat d'une grande observation de la nature; elle est remarquable par son exécution magistrale.

T., haut. 1 m. 55 c., larg. 1 m. 85 c.

MOUCHERON (FRÉDÉRIC), né à Embden en 1633, mort à
  Amsterdam en 1686.

95. — Paysage.

Vue de l'entrée d'une forêt épaisse, dans le voisinage d'un

château hollandais, où se disposent à pénétrer plusieurs figures à cheval et à pied, exécutées avec une grande perfection par Adrien Van de Velde.

B., haut. 45 c., larg. 41 c.

NEETSCHER (CONSTANTIN), né à Delft en 1670, mort à la Haye en 1722.

96. — Portrait d'une dame hollandaise.

Assise sous un riche vestibule, elle s'appuie sur une table de pierre, supportée par des dauphins, sa robe est d'étoffe brune à larges fleurs, à corsages bas et à manches courtes; des draperies d'un ton riche et vigoureux, placées avec intelligence derrière le personnage, font ressortir parfaitement les chairs de ce joli portrait.

T., haut 50 c., larg. 47 c.

DU MÊME.

97. — Autre portrait de dame hollandaise.

Elle est assise sous un rocher formant grotte et garni de végétation; une petite cascade s'aperçoit non loin d'elle; sa robe de satin orange est recouverte d'un par-dessus violet. Comme la précédente, sa poitrine est découverte et ses bras sont nus. Leur coiffure est celle généralement adoptée à l'époque de Louis XIV par toutes les dames élégantes, et mise à la mode, par Ninon de Lenclos (pendant du précédent.)

T., haut. 50 c., larg. 47 c.

OSTADE (ISAAC VAN), né à Lubeck en 1612, mort à Amsterdam en 1639.

98. — Buste d'homme.

Il est vu de face, coiffé d'une toque rouge, et les épaules couvertes d'un manteau gris.

B., haut. 15 c., larg. 12 c. 1/2.

DU MÊME.

99. — Paysage et figures.

Sur une large route à ornières profondes, plusieurs figures de paysans cheminent péniblement, un homme monté sur une russe d'un blanc roux, traverse une mare formée par la pluie qui vient de tomber abondamment et qui recouvre une partie de la route. Les paysans reprennent le chemin de leurs travaux, d'autres pêchent à la ligne dans un fort ruisseau grossi par la pluie. Ce paysage est très pittoresque et d'une naïveté remarquable, toutes ses parties sont traitées avec l'habileté d'un grand paysagiste.

B., haut. 23 c., larg. 28 c.

DU MÊME.

100. — La Lecture.

Plusieurs paysans, hommes et femmes, attablés dans un cabaret rustique, font la lecture du journal; dans le fond, d'autres ivrognes, assis à des tables, boivent, fument et causent.

B., haut. 40 c., larg. 59 c.

DU MÊME.

101. — Femme assise et les mains appuyées sur ses genoux.

B., haut. 23 c., larg. 20 c.

POTTER (PAULUS, 1646), né à Enkhuysen en 1625, mort à Amsterdam en 1654.

102. — Animaux au repos dans une prairie.

Huit figures capitales animent ce beau tableau; sept d'entre elles sont groupées au pied de deux arbres élégants, près d'une barrière en planches et à proximité d'une chaumière : sur le gazon et en avant des deux arbres, une belle vache blanche est couchée, et auprès d'elle est également couché un mouton brun; sur la droite et près d'eux se trouve une vache rouge qui mange; derrière la vache blanche un jeune taureau se frotte à l'un des arbres; un homme, un bélier blanc et une brebis brune se trouvent un peu sur la gauche.

Sur le premier plan, à gauche, un taureau blanc et noir debout et tournant le dos de trois quarts, se tient immobile et regarde les autres; quelques animaux s'aperçoivent aussi mangeant dans une prairie marécageuse, mais ils sont éloignés, dans une proportion très petite et tout-à-fait accessoires.

Les devants sont ornés de belles plantes, de gazon, de fleurettes et d'une grenouille.

La rareté des œuvres de cet artiste, rendra toujours les amateurs de tableaux désireux de s'en procurer. Celui que nous signalons, est, comme on le verra, d'une haute importance et l'une des productions principales de ce grand peintre. Il provient de la collection renommée de M. le baron de Verstolck Van Soëlen, à la Haye.

B., haut. 55 c., larg. 72 c.

ROMEYN (WILHEM VAN).

103. — Repos d'animaux.

Une vache blanche et des moutons sont reposés dans un paysage auprès de deux gros troncs d'arbres garnis de lierres. Le devant est occupé par des plantes larges et très étudiées.

T. haut. 52 c., larg. 61 c.

RUYSDAEL (JACQUES), né à Harlem en 1635, mort à Harlem en 1681.

104. — Paysage.

A droite un terrain sablonneux éboulé, vivement frappé du soleil; au-dessous une mare sur laquelle est un bateau; au dessus du terrain, une petite route de piétons très sinueuse, conduit à une ferme que couronne un massif d'arbres épais; cette ferme et ces arbres se trouvent dans une obscurité profonde motivée par de gros nuages amoncelés au-dessus; un arbre fort étudié s'incline sur la mare et se trouve sur le premier plan à gauche du tableau; l'on remarque également sur le devant des fagots, des ronces et des herbes.

B., haut. 53 c., larg. 69 c.

DU MÊME.

105. — Vue de la porte de Wezel, à Amsterdam : effet d'hiver.

Sur le premier plan est de l'eau glacée dans laquelle sont pris des madriers et des planles, plus loin à droite on remarque une casemate des fortifications de la ville au dessus de laquelle est un moulin à vent; à gauche une chaumière et des arbres dépouillés couverts de neige; enfin au troisième plan on voit une maison en construction, que frappe un pâle rayon de soleil. Ce tableau peut passer, parmi ceux que Ruysdael a fait en ce genre, pour un des plus réussis.

T., haut. 38 c. 1/2, larg. 45 c. 1 2.

DU MÊME.

106. — Vue prise dans les montagnes de la Norwége.

Une grande quantité de filets d'eau s'échappent des rochers qui occupent la gauche du tableau, se réunissent au premier plan, et forment un torrent impétueux: des sapins et autres arbres vigoureux surmontent les rochers.

Au delà de la cascade est un terrain inégal et rocailleux que couronne une rangée d'arbres épais auxquels aboutit un chemin de piétons que suivent plusieurs paysans.

Au bord du torrent et auprès d'un tronc d'arbre renversé, un homme attend une paysanne qui se lave les pieds.

T., haut. 51 c., larg. 67 c.

DU MÊME.

107. — Paysage hollandais.

Vue du château de Ruyswyck.

Ce château, situé auprès de la ville de La Haye, est construit sur une hauteur à droite de la route qui conduit à Scheweningen: c'est cette vue que représente le tableau, et qui n'a presque pas subi de changements; le premier plan est occupé par une large mare alimentée par une cascade qui tombe à droite; des touffes de roseaux s'inclinent sur les eaux de la mare; au-delà, une route se dirigeant dans la profondeur du pays, est ombragée par de gros chênes du plus bel aspect; sur cette route sont plusieurs jolies figures de la main de Linghelback.

T., haut. 56 c., larg. 75 c.

DU MÊME.

108 — Paysage pittoresque.

Une chaumière rustique, entourée d'arbres fruitiers et de sureaux, domine un terrain accidenté au bord d'un ruisseau impétueux, et au bas duquel croissent des saules, de l'osier et des roseaux qui se reflètent dans l'eau courante; un pont de bois traverse le ruisseau, qui, en cet endroit, forme cascade; le premier plan est composé d'un tertre mêlé de gazons et de roseaux.

B., haut. 49 c., larg. 63 c.

DU MÊME.

109 — Paysage, cascade.

Au centre du tableau, une forte cascade descend jusqu'au premier plan; elle est surmontée de rochers à pic où l'on voit encore les ruines d'un vieux castel, des sapins et des chênes; une seule figure d'homme, placée sur le devant, pêche à la ligne dans le torrent.

T., haut., 1 m. 3 c., larg. 83 c.

SCHOOK (HENRY).

110 — Fruits et nature morte.

Sur les dalles d'un palais, au bord de la mer, sont amoncelés une quantité de beaux fruits aux riches couleurs, des vases, des draperies, etc., d'une belle et large exécution.

T., haut. 1 m. 73 c., larg. 1 m. 53 c.

SLINGELANDT (PETRAS VAN), né à Leyde et 1640, mort à Leyde en 1691.

111 — Intérieur de cuisine hollandaise.

Une jeune servante, dans une cuisine, pompe de l'eau dans un seau à gauche de la composition; deux autres femmes, dans le fond, sont occupées à laver du linge dans un baquet monté sur un banc; ces trois figures, et enfin toutes les parties de ce tableau, sont d'une perfection rare et digne du pinceau de Gérard Dow.

Les détails nombreux qu'on y observe produisent une grande illusion : ce sont un balai, un tonneau, un plat de moules, un pot d'étain, un pot en grès, un linge bleu, un chaudron, un rouet, etc. Coll. de Middelbourg.

B., haut. 41 c. 1 2, larg. 35 c.

STALPAERT.

112 — Gibier, nature morte, fleurs, coquillages, draperies, etc., groupés dans un intérieur.

T., haut. 1 m. 49 c., larg. 1 m. 81 c.

SWANEWELDT (HERMAN), né à Woorden (Hollande), en 1620, mort à Rome en 1690.

113 — Paysage de style.

Dans un site riant, d'aspect italique, quelques baigneuses se rafraîchissent dans une rivière tranquille ombragée par de gros arbres ; ce sont des nymphes que poursuit un satyre, et qui cherchent une protection dans la hauteur des roseaux.

T., haut. 12 c., larg. 54 c.

TERBURG (GÉRARD), né à Zwol en 1608, mort à Deventer en 1681.

114 — Portrait en pied d'un bourgmestre de Deventer.

C'est un homme de haute stature, jeune encore, vu debout dans son cabinet ; il est près d'une table que recouvre un tapis violet, sur laquelle sont des livres de science et son chapeau. Son vêtement est formé d'un pourpoint noir taillé aux manches, laissant apercevoir une chemise blanche à plis nombreux ; une jaquette noire, garnie d'une multitude de rubans noirs aussi, retombe jusqu'aux genoux ; ses bas sont de soie noire, ses souliers sont à talons et garnis de rubans ; une épaisse chevelure bouclée retombe sur sa collerette.

T., haut. 65 c., larg. 51 c.

DU MÊME

115 — Portrait de l'épouse du précédent.

Elle est debout dans son cabinet de toilette et près d'une table sur laquelle se trouvent une cassette en or, un éventail et un collier en perles; un fauteuil en velours, bordé d'une frange d'or, se voit derrière elle. Sa mise se compose d'un par-dessous en satin blanc, brodé d'or, sur lequel se drape une ample robe noire en étoffe de soie; une collerette en dentelle noire lui recouvre les épaules, sa coiffure est un simple petit bonnet en dentelle, garni d'étroits rubans. Ces deux tableaux proviennent de la collection de M. Scrick-Van-Lincosten à Deventer.

Pendant du précédent.   T., haut. 63 c., larg. 51 c.

DU MÊME.

116. — Portrait d'un personnage hollandais.

Il est presque en pied, vêtu de noir et coiffé d'un chapeau à larges bords, ses cheveux sont longs et frisés, et sa tête est encadrée dans une collerette blanche; de la main gauche il soutient les plis de son manteau et de la droite il porte ses gants.

   T., haut., 47 c., larg. 36 c.

DU MÊME.

117. — Portrait de l'épouse du précédent.

Également costumée de noir, cette jeune femme croise ses mains devant elle; une collerette et des manchettes transparentes ressortent sur la couleur sévère du costume; une pointe en dentelle noire posée sur sa tête forme sa coiffure. Ces deux portraits proviennent de la même collection que les précédents.

   T., haut. 47 c., larg. 36 c.

DU MÊME.

118. — Intérieur de corps-de-garde.

Trois militaires, assis autour d'un tambour, dans un corps-de-garde, jouent aux cartes; un quatrième sort pour aller chercher à boire; de tous côtés sont épars des sacs, des tonneaux, des malles et des armes.

   B., haut. 31 c., larg. 49 c.

WITTE (EMMANUEL DE), né à Alcmaer en 1607, mort en 1692.

119. — Intérieur d'église.

L'effet du soleil qui frappe les colonnes et les murs est d'une vérité qui produit l'illusion ; quelques figures çà et là circulent dans l'église.

B., haut., 42 c., larg. 33 c.

WOUWERMANS (PHILIPPE), né à Harlem en 1620, mort à Harlem en 1668.

120. — Paysage et figures.

Un cavalier couvert d'un manteau rouge, et monté sur un cheval blanc, est arrêté près d'un pont à écluses sur lequel un homme est endormi, deux autres hommes pêchent à la ligne dans le ruisseau qui traverse le pont et parmi les pilotis.

B., haut. 30 c. 1/2, larg. 24 c. 1/2.

ÉCOLE ALLEMANDE.

HOLBEIN (HANS) (époque de).

121. — Deux portraits d'homme et de femme réunis dans un même cadre.

Leurs coiffures et leurs habillements sont rehaussés d'ornements en or et en pierreries, exécutés avec une précision extraordinaire. Les paysages qui forment le fond de chacun de ces portraits et dont le fini n'est pas moins surprenant, se réunissent et ne forment qu'une seule vue qui paraît avoir été prise en Suisse.

Bois, haut. de chaque portrait, 50 c., larg. 35 c.

ÉCOLE ANGLAISE.

REYNOLDS (JOSUAH), dit le Chevalier.

122. — Portrait d'un commodore anglais, de sa femme et de son fils.

Ce personnage est debout contre une colonnade entre laquelle flotte une draperie rouge; sa jeune femme est assise ayant son son jeune enfant appuyé sur ses genoux; le chef de la famille est en costume militaire et porte tous les insignes distinctifs de son grade; il s'appuie d'une main sur son sabre et de l'autre il porte ses gants.

Ce tableau est à la hauteur des plus belles productions hollandaises par son exécution délicate et son fini précieux.

B., haut. 27 c., larg. 35 c. 1/2.

CURIOSITÉS.

Marbres, Bronzes florentins, Bronzes dorés, Meubles de Boule, Porcelaines de Chine, Émaux de Limoges, Tapisseries des Gobelins, Bordures dorées.

MARBRES.

1. — La Frileuse. Statue demi-nature d'après Houdon, sur socle en marbre blanc.
2. — L'Apollon du Belvédère. Statue demi-nature, d'après l'antique, sur socle en marbre blanc; pendant de la précédente.
3. — Buste de femme. Tête de fantaisie en marbre blanc, sur socle carré en marbre noir.
4. — Autre buste de femme. Tête de fantaisie en marbre blanc, sur socle carré en marbre noir; pendant du précédent.

BRONZES FLORENTINS ET AUTRES.

5. — Hercule Farnèse. Bronze florentin, statuette.
6. — Bacchus au repos. Figurine.
7. — Jeune homme portant un vase sur l'épaule. Figurine.
8. — Les Chevaux de Marly. Joli modèle de moyenne proportion.
9. — Tête de faune. Bronze florentin, sur socle en marbre blanc.

10. La Renommée. Petite figure drapée, dont les ailes et la trompette manquent. Bronze italien.
11. — Le Christ debout. Joli bronze florentin, très fin, dont quelques parties sont dorées ; socle en bois avec incrustations en agate.
12. — La Flagellation du Christ. Composition de trois figures séparées. Bronze florentin d'une grande finesse, sur socle en bois noir.
13. — Samson terrassant les Philistins. Groupe de trois figures. Bronze italien très ancien.
14. — Figurine de femme. (Allégorie). Bronze florentin.
15. — Petite figurine d'enfant, drapée. Bronze ancien.

BRONZES DORÉS.

16. — Une pendule avec sujet de Jupiter, assis tenant les foudres ; style de l'empire. Bronze doré et socle en marbre blanc.
17. — Ses deux candélabres en bronze doré, à dix feux, avec montants en marbre blanc ; même style.
18. — Une pendule forme de lyre, en bronze doré, sur socle en porcelaine vieux Sèvres bleu de Roi.
19. — Une paire de chenets en bronze doré.
20. — Une paire de bras de cheminées en bronze doré, à trois feux.
20 bis. — Une paire de bras de cheminée en bronze non doré à deux feux.

MEUBLES EN MARQUETERIE.

21 — Un meuble en marqueterie, cuivre et écaille rouge et noire, à trois faces, richement garni en bronze doré ; la tablette en vert de mer.
22 — Un bureau à tiroirs en marqueterie, avec garniture en bronze doré.
23 — Deux gaines à tabliers en marqueterie de cuivre et étain, et garnies de moulures en cuivre doré avec rinceau d'ornements sur les côtés.
24 — Deux chaises en bois sculpté, renaissance.

PORCELAINES DE CHINE.

25 — Deux vases en porcelaine de Chine et à dessins, montés sur rocaille.
26 — Un vase de Chine, monté sur rocaille.
27 — Deux vases de Chine, fond blanc et à fleurs, montés sur rocaille.

ÉMAUX DE LIMOGES.

28 — La Fuite en Égypte.
29 — La Visitation.
30 — Jésus prêchant dans le Temple parmi les docteurs de la loi.
31 — Judas, conduisant les soldats de Pilate, embrase Jésus-Christ et se saisit de sa personne.
32 — Jésus-Christ apparaissant à la Vierge, après sa résurrection.
33 — Saint Mathieu : figure en pied sur fond de ciel étoilé.

34 — Saint Philippe ; figure en pied sur fond de ciel étoilé.
35 — Un religieux lave les pieds à saint Jean, pèlerin.
36 — Sainte Marguerite et le dragon.
37 — Jésus-Christ arrêté par ordre de Pilate.
38 — La Vierge et l'Enfant Jésus.

TAPISSERIES DES GOBELINS.

39 — La pêche miraculeuse, d'après J. Jouvenet.
40 — Le baptême de Jésus, par saint Jean, d'après Restout.
41 — Le lavement des pieds, d'après le même.

Ces trois tapisseries anciennes, qui sont d'une dimension de près de huit mètres, sont d'une grande beauté ; elles ont été données par l'empereur Napoléon, au cardinal Caprara, lors de son ambassade à Paris. Cette donation, du reste, est enregistrée aux archives du garde-meuble de la couronne.

NOTA. La tapisserie, n° 40, le baptême de Jésus, n'a pu être exposée faute de place ; mais elle est garantie de la même conservation que les deux autres ; elle sera, du reste, placée sur le mur de la galerie, le jour de la 3e vacation, samedi 9 décembre.

Les n°s 19, 20 et 20 bis (curiosités) ne seront exposés également que le matin de ce même jour.

BORDURES DORÉES.

Une quantité de bordures dorées, sculptées et autres.

CAHIERS(S) OU FEUILLET(S)

INTERVERTI(S) À LA COUTURE
RÉTABLI(S) À LA PRISE DE VUE
DE LA PAGE 382 A LA PAGE 384

Vente des Tableaux de M. Dubois.

M. Dubois est un marchand de tableaux dont nous avons déjà entretenu nos lecteurs, à propos de la galerie Aguado dont il dirigeait la vente et qu'il avait formée en partie, l'on sait à quel prix. C'est M. Dubois qui fit, il y a trois ans, dans la salle Lebrun, une vente de tableaux qui eut un grand succès et dont nous avons constaté les tristes résultats, en suivant, dans les ventes où ils ont passé depuis, les tableaux qui en provenaient. Nous ne citerons que pour mémoire une vente de tableaux italiens faite, il y a plus de dix ans, que la vente Aguado a rappelée à plus d'un titre, et qui est restée célèbre dans les fastes de ce genre de commerce, comme un exemple d'opération désastreuse. Nous avons dit que M. Dubois était un marchand fort habile et très-bon connaisseur; mais il n'y a pas d'habileté qui tienne contre ce quelqu'un qui a plus d'esprit que Voltaire, que l'on appelle tout le monde, et que l'on n'attrape jamais deux fois.

La collection offerte au public n'était nullement remarquable, et la vente a manqué complètement. En général, on a fait justice de toutes ces attributions marchandes et de toutes ces phrases ridicules dont les experts se croient obligés de farcir leurs catalogues. Gérard Dow s'est vendu 4'0 francs; Murillo, 300; Ostade, 150; Teniers, 100 fr.; Lesueur, le Tintoret, Poussin et Van Eyck, 60 fr. Un Claude Lorrain a été mis sur table à 5,000, puis baissé à 4,500, et retiré honteusement faute d'enchères. Ce tableau, semblable à une tache d'encre convenablement délayée, n'est certainement pas du maître. Un tableau, attribué à Paul Potter, d'une assez grande dimension, a également été offert à 6,000 fr., puis baissé à 5,000, et définitivement retiré à 4,50) fr., faute d'enchères. Il ne faudrait pas autre chose pour faire perdre à un homme la réputation d'habileté la mieux établie, que la prétention d'attribuer ce tableau à Paul Potter. Rien ici ne pouvait faire illusion; c'était tout au plus une peinture faite d'après une estampe par un homme qui n'avait jamais vu les ouvrages du maître.

GREUZE. — La Toilette de Vénus, jolie petite esquisse (57 cent., sur 66), dont quelques parties avaient été retouchées, s'est vendue. . . . . 856 fr.

Du même. — Une Tête d'expression. 2,135

ANT. CANALETTI. — Deux petits pendants (52 cent., sur 47), Vue du grand canal et de la place Saint-Marc. 1,563

GUIDO RENI. — La Nativité (55 cent., sur 52). 2,550

PIETRO PERUGINO. — La Vierge et l'Enfant (61 cent., sur 50), tableau adroitement restauré, adjugé à M. Brusket. . 2,450

SASSO FERRATO. — Une Madone. 1,550

MURILLO. — Miracle de saint Vincent Ferrer, grand tableau, vendu chez Aguado 1,030 fr. 500

LUDOLF BACKHUYSEN. — Marine (48 cent., sur 63). . . 2,520

VAN DER HEYDEN. — Vue intérieure d'une ville hollandaise, très-joli petit tableau (11 et demi cent., sur 16 et demi). 2,566

Jacques RUYSDAEL. — Paysage (55 cent., sur 62). . . 3,010

Tois autres paysages du même maître, d'une dimension à peu près semblable, se sont vendus de 2,101, 2,000 et 1,560 francs.

BERGHEM. — Le Laboureur (H cent., sur 58). . . . . 8,000 fr.

Ce tableau, qui venait du cabinet de M. Paul Perrier, avait été adjugé l'année dernière, à la vente de cette collection, au prix de 9,880 fr. C'est un nouvel exemple à ajouter à ceux que nous avons signalés l'année dernière, à propos de la vente Leroy et Héris, de la défaveur avec laquelle le public accueille les objets d'art, dont il se fait un commerce trop ostensible.

Bien qu'il y ait une amélioration réelle dans la défiance salutaire que les amateurs doivent apporter à ces sortes de ventes faites par les marchands, nous avons encore à relever quelques erreurs auxquelles il sera difficile de mettre un terme, mais que nous ne saurions trop déplorer.

Un tableau, attribué à Van Huysum, sèche et mauvaise copie, a été payé follement 2,990 francs. Ce tableau, dont l'original est à la galerie de l'Ermitage, a fait partie de la collection de Robert Walpole ; estimé 15,000 francs lors de la vente à l'impératrice de Russie, il a été gravé à la manière noire par Rich. Earlom.

Un tableau, d'un assez bel aspect, attribué à Sébastien del Piombo, et représentant un Portement de croix, a été vendu 5,001 francs ; mis sur table à 5,000 francs, personne n'en voulait ; il a été adjugé sur l'enchère de 1 franc, longtemps répétée et longtemps suspendue. C'est encore une grave erreur, et il est fâcheux de voir un amateur distingué comme M. Reizet, qui passe pour un fin connaisseur, se laisser prendre aux phrases grossières d'un catalogue intéressé. L'original de ce tableau, dont nous avons vu quelques duplicata dans les galeries d'Italie et de Paris, a été peint sur pierre, ainsi que le rapporte Vasari, dans sa Vie du Frate del Piombo, pour le patriarche d'Aquilée ; c'était une nouvelle manière de peindre particulière à ce célèbre artiste, qui avait le travail lent et pénible, et qui croyait ainsi mettre ses œuvres à l'abri des outrages du temps. Il fait partie maintenant du musée de Madrid. La sécheresse de certains détails nous ferait croire que le tableau dont il est ici question, et qui n'est qu'une copie, est l'ouvrage d'un artiste allemand. D'ailleurs des repeints assez nombreux, qui ont détruit l'harmonie, interverti les plans et alourdi certaines parties, ont fait disparaître une partie de l'effet primitif.

Les amateurs qui achètent les tableaux des grands maîtres ne sauraient trop y faire attention ; il est certaines choses que les gens du monde ne peuvent savoir : tout n'est pas fantaisie dans les choses d'art, et il y a bien quelques principes certains qu'on ne saurait négliger sans de graves inconvénients. Donner 5,001 francs pour une copie allemande d'un tableau italien, c'est un peu cher. Pour ce prix, cette brillante pléiade d'artistes, gloire de notre école moderne, que l'on appelle Eug. Delacroix, Decamps, C. Roqueplan, Meissonier, Cabat, Dupré, Marillat, eussent broyé leurs plus riches couleurs et fait un chef-d'œuvre.

Nous donnons ici la liste des prix de tous les tableaux de cette vente.

N°	Artiste	fr.	N°	Artiste	fr.
1	Séb. Bourdon	131	42	Sasso Ferrato	1,520
2	Chimot	500	43	Schidone	1,380
3	Claude Lorrain	retiré	44	—	830
4	Giotto	413	45	Tiepolo	48
5	—	256	46	Tiziano d'Urbino	967
6	—	573	47-48	Antoliner	119
7	—	2,135	49	Berrera el Viejo	50
8	Jouvenet	301	50	Murillo	290
9	Lesueur	61	51	Nemesis	178
10	N. Poussin	68	52	Velasquez	215
11	—	110	53	Van Artois	215
12	—	121	54	Asselin	70
13	—	230	55	Van Balen	370
14	Patroux	311	56	Breughel	276
15	Tillettin	123	57	P., Van Dyck	180
16 et 16 bis	Watteau	1,390	58	Van Dyck	71
17	—	230	59	Francia	80
18	J. Vernet	580	60-61	Orizzontes	1,301
19	Andréa del Sarto	230	62	De Heus	600
20	D'après Andrea del Sarto	633	63	—	101
21	Beltraffio	130	64	— Van Kessel et Breughel	855
22	Cimabue	113			
23-24	Caraletti	2,363	65	Snyders	550
25	Castiglione	113	66	—	552
26-27	Gaspre Poussin	555	67	—	519
28-29	—	565	68	—	651
30	—	316	69	Tenier	549
31	—	430	70	—	103
32	—	79	71	—	110
33	Candenzio Ferrari	399	72	Van Theulden	162
34	Séb. del Piombo	5,001	73	Backhuysen	630
35	École de —	633	74	—	2,530
36	Lelli	690	75	Segati	119
37	Parmesan	100	76	Mengen	8,000
38	Moroni	50	77	—	83
39	Piazza	2,450	78	Cuyp	501
40	Tintoret	190	79	—	310
41	—	97	80	Decker	301

	fr.			fr.
81 Gérard DOW............	1 510	103	VAN DOUEN...........	135
82 —	630	104	DESPARS............	3,040
83 DE SAEDT............	469	105	—	2,100
84 EVERDINGEN............	851	106	—	2,101
85 —	790	107	—	1,000
86 GITS............	181	108	—	1,560
87 BACKLER............	116	109	—	687
88 —	68	110	SCROOTS............	133
89 TENDER DITDER............	2,505	111	SLINGELANDT............	2,630
90 —	531	112	STALBERT............	113
91 BANDELOTTE............	171	113	SWANEVELDT............	80
92 VAN DELEN............	2,950	114	TENIERS............	451
93 BREIL............	119	115	—	730
94 Jan LOOTEN............	333	116 117 —	600
95 BOCCHORUS............	651	118	—	730
96-97 SEETSCHER............	210	119 E. DE WITTE............	310
98 OSTADE............	115	120 WOUWERMANS............	506
99 —	115	121 Époque d'BOUSSAY............	319
100 —	100	122 BETVOLDS............	799
101 —	210	123 GUIDO RENI............	2,530
102 P.. DE POTTER............	retiré	124 MARIOTTO ALBERTINELLI............	1,230

Trois grandes et belles tapisseries des Gobelins, qui se trouvaient à cette vente, ont été vendues :

La Pêche miraculeuse, d'après Jouvenet, 599 fr.;

Le Baptême de Jésus, d'après Restout, 595 fr.;

Le Lavement des pieds, d'après le même, 595 fr.

NEMO.

Pour avoir le prix réel des objets, il faut toujours ajouter les 5 pour cent exigés en sus du prix d'adjudication.

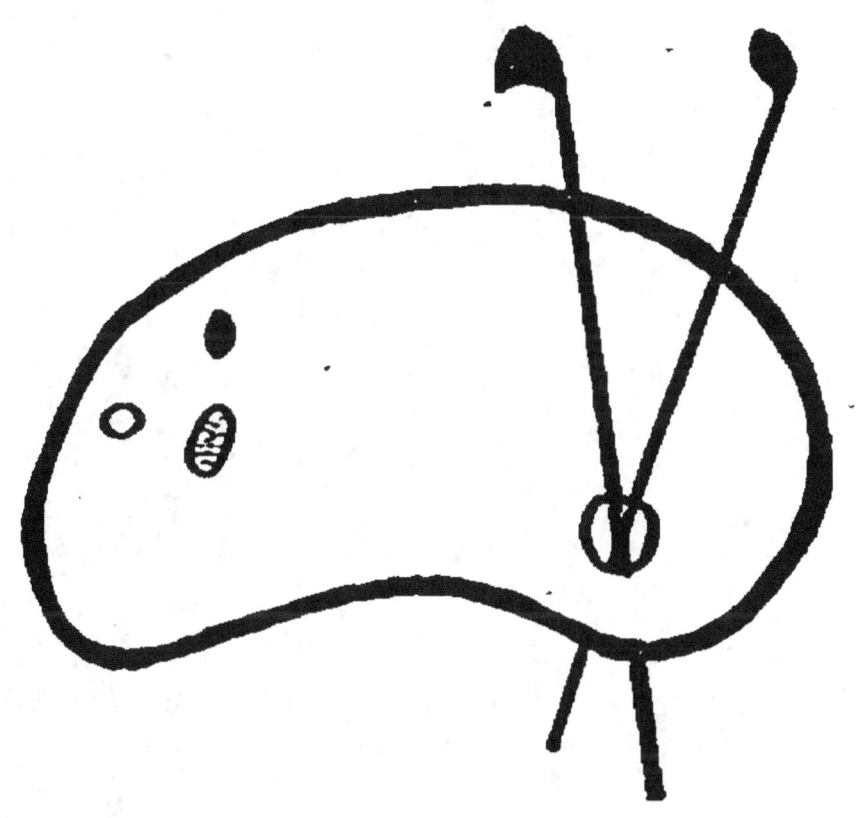

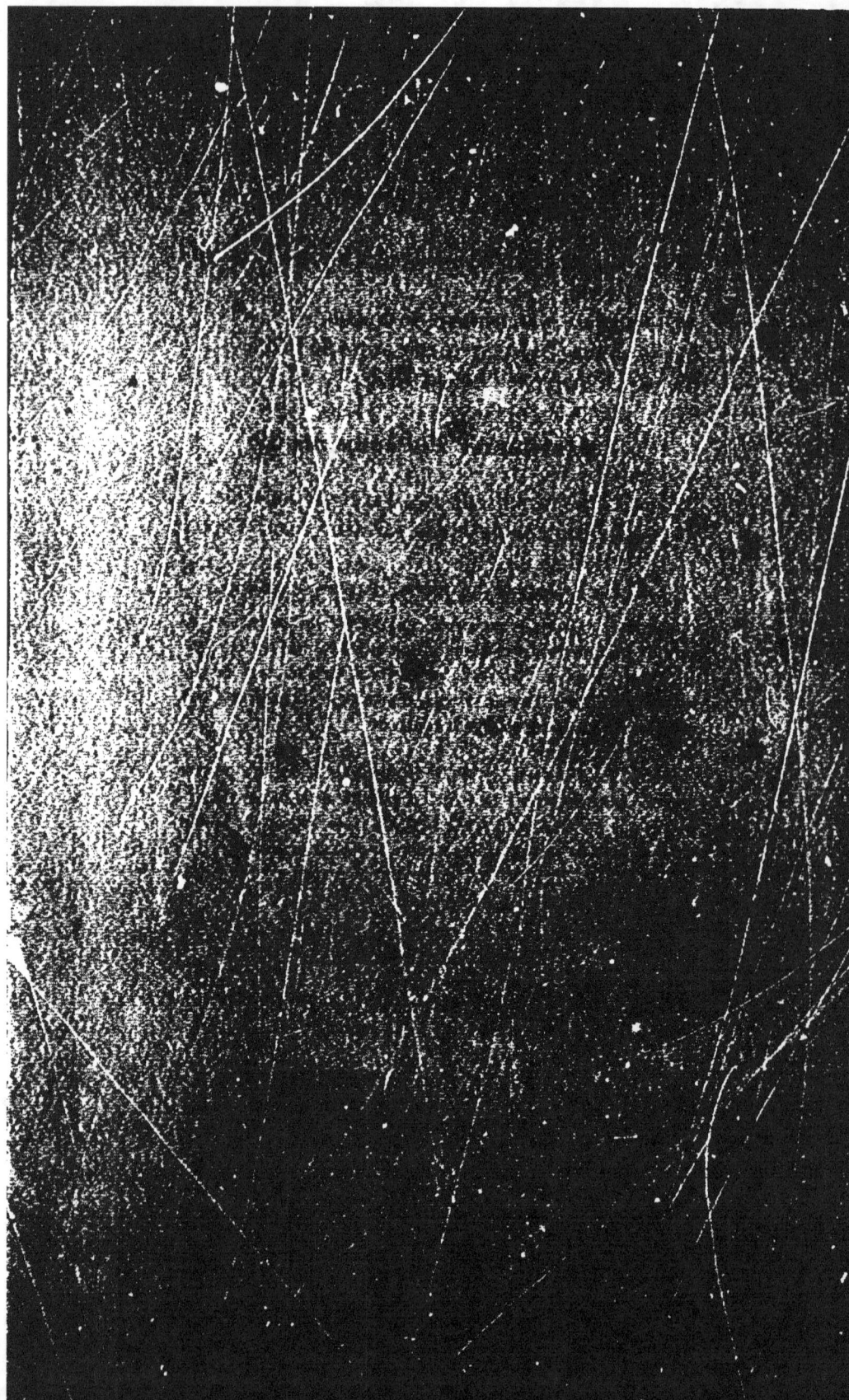

www.ingramcontent.com/pod-product-compliance
Lightning Source LLC
Chambersburg PA
CBHW030051230526
45471CB00003B/1038